S^1
Lb 3764.

RÉFLEXIONS POLITIQUES

D'UN ENFANT.

IMPRIMERIE DE F. LOCQUIN,
Rue N.-D. des Victoires, 16.

RÉFLEXIONS POLITIQUES

D'UN ENFANT,

Par **A.-E. WALLET** (d'Abbeville).

Qu'ai-je dit, après tout, que sans moi l'on ne sache ?

PARIS,
A LA LIBRAIRIE DE CHARPENTIER,
PALAIS-ROYAL, GALERIE D'ORLÉANS, N° 7;
Et dans les Magasins de Publications pittoresques.

1842

AVERTISSEMENT.

Dans leurs préfaces ou leurs avertissements, nos auteurs contemporains racontent naïvement à leurs lecteurs qu'en se faisant imprimer, ils n'ont cédé qu'aux pressantes sollicitations de l'amitié.

De sorte que cela revient à dire que les écrivains qui lancent un livre dans le public comptent plus d'ennemis que d'autres gens, ou bien qu'ils ont des amis d'assez peu de goût pour leur conseiller d'aborder ce gouffre de la publicité qui engloutit à chaque instant un si grand nombre d'élucubrations, qu'un petit nombre d'elles laissent traces de leur apparition.

Ainsi, voilà l'amitié en cause, à propos de la publication d'un livre. Et l'on a eu de vrais amis, si le livre est bien jugé et qu'il se vende ; et si le contraire arrive, si le livre tombe sans profit des mains du libraire chez la beurrière, voyez comme l'amitié est accusée, tout simplement parce qu'elle a eu de la faiblesse, ou a manqué de tact et de jugement. Quelle solidarité, grand Dieu ! et souvent pour le plus mince écrit !

Non pas que, par cette critique, nous prétendions prouver qu'il vaudrait beaucoup mieux s'en rapporter à soi-même lorsque l'on se mêle d'écrire, que de se soumettre aux avis d'un censeur sévère, selon l'excellent précepte qu'en donne Despréaux: Mais, de nos jours, il faut le dire, on a étrangement abusé de cette permission ou de ce conseil de l'amitié, qui nous invite à nous montrer imprimés dans le monde littéraire ou politique, comme s'il n'était pas vrai que c'est pour se faire plaisir à soi, écrivain, que l'on met son travail sous presse, et ensuite dans l'intention, bien louable d'ailleurs, de rendre doublement service au public, si l'œuvre répond à des passions ou à de certains besoins du moment; car, c'est là en un mot, tout le secret, toute la condition de succès et d'existence de n'importe quelle espèce d'ouvrage.

Pour nous, qui avons jeté sur le papier ces Réflexions; nous qui ne sommes qu'un enfant en politique, nous l'osons avouer avec la franchise et l'outrecuidance de la conviction, ce n'est aucunement par inspiration et encouragement d'amitié que nous mettons au jour ce que nous adressons aux bons esprits qui veulent bien s'aider des lumières de la politique pratique, et non se laisser débonnairement bercer par les creuses théories des réformateurs socialistes, lesquels battent monnaie sans effigie dans le pays des chimères de tous les régimes et de tous les siècles.

Si donc notre Opuscule trouve quelques lecteurs, nous serons heureux de l'avoir composé, et notre vanité ainsi satisfaite nous fera encore espérer qu'il peut être de quelque utilité.

RÉFLEXIONS POLITIQUES
D'UN ENFANT.

I.

Les enfants nés dans une période qui précède de dix ans une révolution, et ceux qui naissent immédiatement après, ont laissé faire la triste remarque qu'ils avaient beaucoup moins de respect pour leurs parents, que ceux qui viennent au monde en un temps plus calme : cela tient probablement aux discours incessants de révolte et de rébellion qu'ont trop souvent à la bouche les pères et mères des enfants dont nous parlons. La cause en est sans doute dans les paroles et raisonnements passionnés où se trouve à chaque instant exprimé le désir de consommer et hâter un changement politique; ou bien encore à la manifestation haineuse d'avoir coopéré à une révolution, qui, on le conçoit, ne peut jamais satisfaire à toutes les exigences, les révolutions des temps modernes n'étant presque toujours qu'un ouvrage humain et non d'un saint commandement.

II.

Aujourd'hui, beaucoup de jeunes gens s'exténuent à écrire, et c'est en vain qu'ils demandent à leurs entrailles l'enthousiasme qui prête la chaleur et la vie à leurs productions; de nos jours, disons-nous, bon nombre d'écrivains sont possédés de la manie de se croire placés au dessous de leur vraie condition. Dès lors rien ne marche selon leurs idées, qui sont sans principes et sans ordre; dès lors ils déclament contre la société, s'attaquant avec un orgueil inouï aux plus respectables sommités gouvernementales et sociales.

Que penser de ces juvéniles ambitions qui rêvent de la gloire, des honneurs, des richesses; qui ne font en aucune manière ce qu'il faut pour se rendre pleins de talent, de capacité et de science, toutes choses qui ne s'acquièrent qu'à l'aide d'un travail opiniâtre et de veilles laborieusement passées aux dépens de la santé et quelquefois même de la vie? Il faut leur conseiller de prendre une autre voie, moins rapide pour eux, il est vrai; mais plus sûre, parce qu'elle est plus longue et moins semée d'écueils : on n'arrive au bien et à la perfection que difficilement. Il n'en est pas ainsi du mal et de la médiocrité, dont la route glissante, échelonnée de flatteurs, ne nous conduit qu'à la misère, à l'opprobre, et à une mort prématurée. C'est la fin des ambitions démocratiques et des génies incompris.

O vous, écrivains! et surtout vous, écrivains politiques, qui avez la témérité de vous donner pour des envoyés chargés de régénérer le monde, réfléchissez bien, et considérez que ce n'est pas en calomniant sans cesse les hommes et les choses qui vous entourent, que vous pouvez essayer de couper les abus sociaux. La société demande qu'on l'éclaire, et non pas qu'on lui jette le flambeau aux yeux en se déchaînant contre elle ; la société exige que l'on marche droit avec elle, plutôt que d'une manière trop vive ou trop lente ; la société, enfin, ne ressemble en rien à un frêle esquif que le moindre vent peut faire submerger. Et, comme ces colonnes qui soutiennent nos temples et nos monuments, chacun des membres de l'édifice social ébranlé, a intérêt à le consolider, pour n'être pas lui-même écrasé sous sa lourde chute.

III.

Il faut le reconnaître, le progrès politique, ainsi que toute action humaine, a ses degrés. L'homme marche à son insu et d'une manière imperceptible vers le but constant de ses efforts, le bien-être général, qui, ensuite, devient son bonheur individuel. Sans danger pour les libertés publiques, l'homme ne peut courir à pas de géant dans la voie des grandes institutions sociales ; mais il y arrive insensiblement, à la suite d'une longue série de siècles. Le monde ne porte jamais ses regards en arrière pour rétrograder, mais bien pour interroger les peuples passés et étudier leur histoire, remarquant ainsi d'un coup d'œil où en était resté la grande famille à l'endroit de sa civilisation. C'est ainsi seulement que le progrès devient réalisable.

IV.

Pour qui voudrait l'entreprendre, ce ne serait pas chose difficile, que de chercher à prouver que c'est en France que l'on jouit de cette espèce d'égalité telle que les lois naturelles et les sociétés humaines l'ont établie.

Ainsi, par exemple, si l'on parcourt nos villages et nos hameaux, chaque homme que l'on y rencontre vous apprend bientôt qu'il est possesseur du coin de terre qui le nourrit, et que la maison qu'il habite lui appartient.

Si le paysan français a peu d'argent, il est au moins placé dans une indépendance que lui envient souvent les habitants des villes : il est propriétaire, il peut le devenir, il le sera. Contre toutes ces grandes influences féodales, la chaîne du cadastre n'a-t-elle point tracé une délimitation favorable au simple laboureur, lui laissant entrevoir l'impossibilité que le territoire appartienne en propre à quelques exploitants. Et puis ce morcellement de la grande propriété au profit de tous, n'est-ce pas la plus franche et la plus parfaite des égalités ?

Passant de nos campagnes à la ville, si l'on entre dans la magistrature, on y voit installés les membres dont les lumières, la haute expérience et la vertu sont de sûrs garants pour remplir dignement les fonctions civiles et judiciaires.

Ensuite, si l'on considère le noble métier des armes, on y remarque avec plaisir que le simple soldat, comme l'officier supérieur, reçoit une récompense de la patrie lorsqu'il a su mériter d'elle par ses travaux de gloire et de longs services rendus. Sur leur poitrine brille également le signe de l'honneur, que l'on salue toujours avec respect, quoi qu'en disent nos folliculaires, qui, d'un œil d'hypochondre, et du fond de leur cabinet, où ils sont mollement assis, ne peuvent rien juger de ce qui se passe sur les champs de bataille.

Enfin, si l'on examine l'intéressante classe des travailleurs, on y retrouve une égalité tellement sensible, que l'on est satisfait d'y rencontrer de laborieux et économes ouvriers quittant leur profession avec une petite fortune. Les uns, jeunes encore, se livrent au commerce, ou sollicitent et obtiennent un emploi dans quelques administrations; les autres jouissent du revenu de leurs épargnes, qui, converties en un capital assez rond, leur procure, pour vivre tranquilles, la même sécurité qu'aux plus riches rentiers.

Cette égalité, ces progrès, sont-ils vrais ou faux?

Quoi de plus touchant, que le tableau de la société où tout le monde peut arriver graduellement aux emplois, aux fonctions, à tous les rangs et dignités!

V.

A bien considérer toutes les dynasties françaises, les hommes qui ont régné avec le plus d'éclat et que l'histoire honore, sont précisément ceux qui ne furent pas élevés exprès pour porter une couronne. Tels se présentent à nos yeux Henri IV, Napoléon, et Louis-Philippe.

Mais si l'on se demande d'où ces têtes couronnées tirèrent le principe de leur élévation avec la force de se maintenir sur le trône, un seul mot répond que c'est à la sanction populaire, qui les fit légitimes.

Ainsi, lorsqu'en août 1830, Louis-Philippe montait sur le trône des Français, Sa Majesté y laissait à chaque degré un membre de sa noble famille; en d'autres termes, elle acceptait, avec le sceptre, le droit inhérent à la monarchie française, de transmettre à sa descendance, de mâle en mâle, et par ordre de primogéniture, la légitimité royale et nationale.

De telle sorte que cette légitimité, qui part du trône aujourd'hui, après être sortie d'abord des mains du peuple, et après avoir été sanctionnée par ses députés, s'étend jusqu'aux particuliers des rangs inférieurs, et forme, pour ainsi parler, une longue chaîne, dont chaque citoyen n'est plus qu'un chaînon ou anneau social. Est-il besoin d'ajouter que la légitimité enserre dans sa commune cause chaque individu de la hiérarchie sociale, qui, dès lors, ne saurait se défendre de lui appartenir. Mais rappelons-nous bien que si la légitimité a cette action, cette puissance sur un état politique et civil, c'est qu'elle résume à elle seule tous les droits pour en faire l'égale répartition : donc, la légitimité est l'expression la plus exacte d'une société solide.

Il y a plus.

Nous sommes tous à la légitimité :

La légitimité du sang en est la preuve par les alliances ;

La légitimité des alliances donne ensuite la légitimité de l'héritage et des successions ;

La légitimité nous apporte avec elle la faculté d'acquérir et de conserver ;

La légitimité est dans tout corps social régulièrement organisé ; elle est d'instinct naturel, dans le cœur de l'homme, partout : elle existe même dans les plans de gouvernement des novateurs ; car, revendiquer un prétendu droit, qu'est-ce autre chose qu'être amant de la légitimité ?

Or, après juillet 1830, nous sentîmes que nous étions parfaitement libres ; que le principe de notre vouloir, l'établissement de la légitimité royale par la famille d'Orléans était en nous-mêmes ; que rien ne nous contraignait de vouloir ainsi que nous avons voulu, et que nous pouvions vouloir autrement : donc, incontestablement, nous étions et nous fûmes libres dans notre choix.

Donc, la néo-légitimité royale implantée dans le

sol français par la révolution de juillet, est inséparable de notre société; donc, il faut l'aimer et la servir.

VI.

Mettre un frein à la vénalité, placer l'expérience et le génie à la tête des hautes fonctions, lui faisant diriger les manufactures royales et tous les établissements des beaux-arts; rendre au zèle, au mérite, aux vrais talents les honneurs trop souvent usurpés par l'intrigue et la faveur; affermir l'équilibre entre les corps politiques de l'État; donner un contre-poids à l'insatiable cupidité; prévenir l'excessive inégalité des fortunes; conserver à la religion catholique la majesté dont l'erreur, les abus, l'impiété et la licence pourraient enfin la dépouiller de nouveau; voilà la carrière ouverte à la dynastie de 1830; mission heureusement commencée sous le règne de son auguste chef, et que ses successeurs sont désormais appelés à continuer.

VII.

Il y a en Europe un beau pays où, par les prérogatives d'une charte incomplète, le monarque enchaîné tient le gouvernail et ne le peut mouvoir; qui veut le bien et n'ose pas toujours l'entreprendre, par la raison qu'on lui dispute le terrain pied à pied. Et la forme de gouvernement de ce royaume s'appelle pourtant un gouvernement mixte! le meilleur que les hommes puissent se donner, au dire de Tacite ; car, selon le grand Corneille, qui, avec sa mâle éloquence, était pour le moins aussi profond politique que nos orateurs et législateurs,

Le pire des Etats, c'est l'Etat populaire.

VIII.

Si la France persévère dans ses maximes pacifiques ; si la discipline militaire et la marine n'ont chez elle pour objet que le maintien de l'activité au dedans et du respect au dehors ; si elle essaie l'échange de son superflu ; on peut le prédire, ce royaume est pour longtemps encore à l'abri des révolutions.

IX.

On excuse un peuple lorsque, trompé par ses passions, et se proposant une fin à laquelle il lui sera funeste d'atteindre, il y marche par des voies capables de l'y conduire ; au moins est-il conséquent dans ses erreurs. Mais, qu'à l'exemple de l'Espagne on s'éloigne du but auquel on aspire, qu'on rassemble des contraires ; que l'on veuille figurer et par la guerre, et par le commerce, et par l'équité ; et que, par une régence simulée, l'on en vienne à l'usurpation du rang suprême : voilà de ces étranges contradictions qu'on ne pardonne point au laissez-faire de la politique européenne.

X.

On veut faire l'esprit fort, et, rempli d'une orgueilleuse incrédulité, l'on se refuse systématiquement à la croyance des miracles rapportés dans les saints Évangiles. Mais n'en est-ce pas un bien éclatant que celui que nous présente la Russie, qui, en moins de cinq générations, et à l'aide de nos connaissances, s'est mise au niveau des gouvernements les plus éclairés. Le génie de Catherine, fécondé par la mémoire radieuse de Pierre, enfanta chaque jour de nouveaux prodiges, et démontra bientôt au monde étonné que tout est possible à l'homme. Et si l'homme peut tant, que ne pouvait donc faire Jésus le Fils de Dieu?

XI.

Nourris des études historiques sur les grands hommes de l'antiquité, et ayant continuellement présentes à la pensée les républiques d'Athènes, de Sparte et de Rome, nos jeunes gens, à qui l'on ne fait pas assez étudier l'histoire des Français qui illustrèrent leur pays, s'imaginent que la magnanimité, le désintéressement, l'amour du bien public et de la patrie, ne se peuvent rencontrer que dans les glorieux modèles grecs et romains : aussi est-ce cette erreur, chez eux permanente, qui leur fait préférer la forme républicaine à un gouvernement monarchique constitutionnellement organisé, quoique celui-ci offre pourtant aux gouvernés tous les avantages de la république, sans aucune chance de ses fâcheux résultats.

XII.

Un littérateur isolé qui veut peindre le secret du gouvernement, donne ses rêves pour la vérité; ses écrits, qu'adopte parfois la postérité, peuvent avoir un jour de pernicieuses influences. Il faudrait qu'un écrivain politique eût vécu au centre des tourbillons : il faudrait qu'il eût agité lui-même les questions et les problèmes dans les conseils. En est-il beaucoup entre les écrivains du journalisme?

XIII.

L'effet moral que produisent les journaux sur les masses, c'est de les rendre ambitieuses, ingouvernables, enclines à l'erreur et à la révolte : ajoutons à cela qu'ils sont l'écho famélique du plus éhonté charlatanisme. Quant à leur manière de procéder pour faire et défaire les réputations, sur les unes ; ils ont l'action de l'haleine sur le miroir, c'est à dire qu'ils ternissent sans pitié les renommées qui ne se sont pas enrôlées sous leurs drapeaux ; à l'égard des autres, les réputations qu'ils veulent faire adopter par l'opinion générale, ils les usent prématurément à force de les vouloir rendre trop brillantes, ainsi que le grès use les métaux en leur donnant un poli trop souvent répété.

XIV.

Nous appelons homme de génie celui qui livre froidement cinquante mille têtes sur un champ de bataille, et qui, le compas à la main, trace sans remords une scène de carnage ; nous restons ravis d'admiration devant celui qui établit avec une célérité merveilleuse une batterie de bronzes, et sait donner à chacune d'elles géométriquement l'explosion la plus meurtrière possible.

XV.

Dans les guerres civiles, les factions sont absurdes et égoïstes. Regardant le travail et la justice comme la vertu des faibles, la spoliation, le brigandage et la cruauté comme le droit des forts, elles se font un jeu barbare des calamités publiques. Vers la fin du dernier siècle, on les a vues briser les sceptres, bouleverser les empires, et tenter audacieusement, mais aussi vainement, de traîner les peuples en servitude.

XVI.

Quand on voit établir des sociétés savantes pour veiller au maintien des arts et métiers, et diriger les esprits dans les opérations du travail, de l'industrie, de la finance et du commerce, il semble que l'on assiste au débrouillement du chaos.

CONCLUSION.

L'Europe du dix-neuvième siècle se croit agitée par des questions de droit public, tandis qu'un philosophe de politique pratique ne verrait sans doute au fond de toutes ses querelles que des questions d'économie politique. Aussi, lorsque nos publicistes ont à cœur de tenir une plume au service de l'intérêt général, il faut qu'ils soient bien dupes de leurs sentiments, pour ne pas démontrer que l'égalité, l'esclavage et la liberté de chaque pays tiennent à la manière dont les richesses y sont distribuées, et que les richesses peuvent devenir tour à tour pour les nations, un instrument d'oppression et d'affranchissement.

Aujourd'hui on trouve encore des états où le souverain est le maître de tous les biens, où le droit de propriété n'existe que sous son caprice et bon plaisir : telles sont la Turquie et d'autres contrées de l'Orient ; telle eût été la France si elle eût adopté la maxime consignée par Louis XIV dans ses instructions au Dauphin : « Tout ce qui se trouve dans « l'étendue de nos états, nous appartient. » (1) Ces pays sont alors régis par le despotisme.

Il y a *aristocratie*, lorsque les richesses sont le partage d'un petit nombre, et la masse des citoyens

(1) Ces paroles du roi du grand siècle répondent, en lui servant de complément, à cet autre mot si connu : « L'Etat, « c'est Moi. »

est toujours intéressée à détruire un ordre de choses dans lequel tous les biens, et conséquemment tous les pouvoirs politiques, sont possédés par quelques familles (1).

Mais lorsque, comme en France depuis 1789, toutes les espèces de propriété peuvent devenir le partage de tous ; que toute industrie est entièrement libre et par là le commerce ; que, par la science, l'industrie, le commerce et la propriété, tous les membres de la société jouissent d'une aisance proportionnée à l'importance de leurs travaux en joignant à ces avantages la possibilité d'exercer des pouvoirs politiques, selon les lois en vigueur ; il y a conséquemment *égalité* et *liberté* pour chaque citoyen dans cet état social.

Or, dans les pays où l'aristocratie n'est pas l'expression d'un fait, et n'existe que dans des passions politiques, des souvenirs ou de vieilles routines, cette existence est purement imaginaire. Rome et Venise, ces deux mères des aristocraties modernes, avaient la leur basée sur la concentration des richesses ; aussi était-elle extrêmement puissante. Celle de l'Angleterre subsistera jusqu'au

(1) Plutarque nous apprend que les neuf mille propriétaires créés par Lycurgue se trouvaient réduits, sous Cléomène, à sept cents. Aussi est-ce à cette cause qu'il faut attribuer la haine des Lacédémoniens pour leur gouvernement, qu'ils défendirent si faiblement, de même que leur liberté. On en peut dire autant du gouvernement d'Athènes, qui succomba pour des causes à peu près semblables.

moment où un nouveau Marius surgira du sein de ses nombreux prolétaires pour la renverser.

Quant à celle de la France, on ne la trouve que sous la plume des rêveurs, des poètes, et dans les théories des copistes de Saint-Simon, de Fénélon, de Robert Owen, de Fourier, etc., etc., de même que dans quelques romans et certains journaux.

Ainsi, telle que nos révolutions de 1789-1830 l'ont faite, la France, qui ne compte plus qu'un petit nombre de très grands propriétaires, est, par la force des choses, vouée à l'égalité et à la vraie liberté jusqu'aux dernières limites du possible. Les doctrines aristocratiques n'y obtiendront pas plus de succès que les doctrines violentes. L'affranchissement de l'industrie et la division de la propriété foncière ont recruté la classe moyenne en lui donnant des droits civils, et intéressé à l'ordre public et à l'égalité politique l'immense majorité des Français.

Nous terminerons donc en disant, que ce n'est pas, ainsi que beaucoup d'écrivains le prétendent, l'accroissement des richesses nationales, mais leur mauvaise répartition, qui est contraire à la liberté.

Si l'on doutait de cette vérité, il suffirait de consulter l'histoire des peuples qui nous ont précédés.

FIN.